Elisabeth von Heyking

Am Ende der Welt

GRIN Verlag

Bibliografische Information der Deutschen Nationalbibliothek:

Die Deutsche Bibliothek verzeichnet diese Publikation in der Deutschen National-
bibliografie; detaillierte bibliografische Daten sind im Internet über http://dnb.d-
nb.de/ abrufbar.

Dieses Werk sowie alle darin enthaltenen einzelnen Beiträge und Abbildungen
sind urheberrechtlich geschützt. Jede Verwertung, die nicht ausdrücklich vom
Urheberrechtsschutz zugelassen ist, bedarf der vorherigen Zustimmung des Verla-
ges. Das gilt insbesondere für Vervielfältigungen, Bearbeitungen, Übersetzungen,
Mikroverfilmungen, Auswertungen durch Datenbanken und für die Einspeicherung
und Verarbeitung in elektronische Systeme. Alle Rechte, auch die des auszugsweisen
Nachdrucks, der fotomechanischen Wiedergabe (einschließlich Mikrokopie) sowie
der Auswertung durch Datenbanken oder ähnliche Einrichtungen, vorbehalten.

Impressum:

Copyright © 2008 GRIN Verlag GmbH
Druck und Bindung: Books on Demand GmbH, Norderstedt Germany
ISBN: 978-3-640-22784-6

GRIN - Your knowledge has value

Der GRIN Verlag publiziert seit 1998 wissenschaftliche Arbeiten von Studenten, Hochschullehrern und anderen Akademikern als eBook und gedrucktes Buch. Die Verlagswebsite www.grin.com ist die ideale Plattform zur Veröffentlichung von Hausarbeiten, Abschlussarbeiten, wissenschaftlichen Aufsätzen, Dissertationen und Fachbüchern.

Besuchen Sie uns im Internet:

http://www.grin.com/

http://www.facebook.com/grincom

http://www.twitter.com/grin_com

Elisabeth von Heyking

Am Ende der Welt

[erstmalig erschienen 1921]

Bildnis der Verfasserin nach einem Gemälde von Fritz Rhein

Am Ende der Welt

Durch die trägen blauen Fluten gleitet seit Tagen schon südwärts das Schiff. In dem traumhaften Flimmern und Verschwimmen von Himmel und Wasser ist alles nur Wiegen und Wallen, Ineinanderströmen und Sichlösen. Sonnenlicht, das, mit blendenden Strahlen Wogen durchleuchtend, in des Ozeans Abgrund erlischt, - Wassertropfen, die, von Sehnsucht getrieben, aufwärts sich heben und als bläulicher Dunst in den heißen Lüften zerfließen. Meereseinsamkeiten voll schimmernder Farbenflecken, die spielend wechseln, ehe das Gedächtnis ihren Namen noch fand, - Himmelsunendlichkeiten, die die Blicke in sich aufsaugen, wo das Bewußtsein sich verliert im Ahnen vergangener und werdender Welten.

Und inmitten dieser opalisierenden Ungreifbarkeiten, dieser umrißlosen Gegenwarten verflattern auch die Erinnerungen, entweichen die Begriffe, vergeht alles Festgewähnte. Altgewohnte Vorstellungen versinken, werden verdrängt durch ein Schwanken zwischen wimmelnden Möglichkeiten. Und plötzlich taucht der Gedanke auf, daß alles je Gedachte auch umdenkbar sein müßte.

Andere Augen und alles würde anders erscheinen, denn nicht zwei Wesen sehen das gleiche Bild. Verschiedene Welten schafft sich ja ein jedes einzelne Leben in seinem kurzen Laufe, wechselnde Glauben hegte es hoffend, nur um ihnen enteilend zu sagen: »Ihr wart nicht die wahren, denn ich selbst erdachte euch ja.« Sollten sie mehr gelten, weil einst viele sich zu ihnen bekannten?

Weiter, weiter! Denn nichts ist. Nur selbst ersonnene Bilder umgeben uns, und nichts, was vergänglichem Gehirne entstammt, darf dauernden Einfluß heischen. Unrecht heißt heute, was morgen zu erkämpftem Rechte wird. Und ist eines so trügerisch wie das andere. Denn was wäre nicht Irrtum? Recht und Unrecht, Lohn und Strafe? Vergängliche Formen, in die wir zerschmelzenden Schaum zu bannen trachten; Worte, die etwas länger bestehen als die undeutlichen Begriffe, denen sie Namen waren; Worte, die kommende Sprachen vielleicht nicht enthalten werden, und deren vergessenen Sinn künftige Grübler dann mühsam enträtseln werden. Wandelbar ist alles, weil wir selbst dem Wandel entstammen, und die Träne, die wir heute weinen, vielleicht einst aus regenschwerer Wolke auf dürstende Erde herniedersank.

Ja, bei solch traumähnlichen Fahrten auf südlichen Meeren, da gibt es sonderbare Stunden, wo die Dinge, in übermäßigem Lichte sich lösend, vor uns zu entweichen scheinen, und wir nicht genau mehr wissen: wird unser Schiff noch wie von altersher von Wasser getragen, oder sind wir es selbst, die, aller gewohnten Fesseln und

Zusammenhänge bar, in neuen Möglichkeiten frei durch den Raum fluten? - Stunden, wo sich dann solch fragendes Zweifeln an allem Bestehenden wie ein Mittagsgespenst hervorwagt!

Doch schwindelnd suchen die Augen gar bald wieder einen Halt in der flimmernden Leere, schwindelnd auch tastet der Geist aus der Welt der Unwirklichkeit sich zurück nach irgendeiner der wohlvertrauten Stützen, der altehrwürdigen Unumstößlichkeiten, die Sicherheit gewähren.

Und neben all diesen umrißlosen Gegenwarten, diesem Sein, das ein Zergehen ist, bleibt ja doch immer ein Ruhepunkt: dort, die scharf gezeichnete Küste des langgezogenen Kontinents, dessen Lauf das Schiff schon seit Tagen folgt, sie gewährt ihn. Denn das ist Wirklichkeit, das ist Festland. Und wie auch die gedehnten Wogen der Dünung, in nimmer rastendem Anschwellen und Zurückebben, auf und nieder schwanken, wie es auch flimmern und zittern mag, dort wo Himmel und Erde in trügerischer Ferne sich vereinen, dies feste Land steht während der ganzen Fahrt da, als müsse seine unerschütterliche Tatsächlichkeit Ziel und Richtung weisen. Unbeweglich der schmale Streifen öden gelben Sandes mit der kahlen, steinigen Küstenkordillere dahinter, unbeweglich auch die schneeigen Gipfel der fernen, höchsten Gebirgskette, die, wie ungeheure Last, auf den starr ragenden Felsen lagern. An jedem

Frühmorgen seit Äonen haben sie so dagestanden, die eisigen Riesen, in fahler Bläue, kalt und unabänderlich wie mathematische Formeln - und immer noch liegt ihre nie wechselnde Gegenwart hinter dem verwirrenden Zauber des zitternden Mittagslichtes, wie hinter dem beklemmenden Dunkel der Nächte, die der Schimmer des südlichen Kreuzes nur schwach erhellt. Der Gesetzmäßigkeit gleicht die starre Berglinie und leitet sicher jene, die ihr folgen.

Auf dem Schiffe, das dem Festland entlang durch die Fluten gleitet, fahren viele Leute. Alltäglich ausschauende, gelangweilt dreinblickende Menschen sind es zumeist, die, Karten spielend oder Zigaretten rauchend, in der Hitze auf dem Verdeck herumlungern und die Tage vergähnen. Menschen, die die Dinge sehen und hören, ohne je zu trachten, ihren geheimen Sinn zu deuten.

Doch eine ist auf dem Schiff, die das wechselnde Wellenspiel in seiner Symbolik ewig unfaßbaren Schwankens und Wandelns ebenso versteht wie die Stimme des Gebirges, die mit eherner Sprache unerbittliche Gesetze zu künden scheint. Eine, die auffällt, inmitten all der übrigen gleichgültig wirkenden Passagiere mit den nichtssagenden Gesichtern, die, kaum gesehen, auch schon wieder vergessen sind. Nicht daß diese Eine besonders schön wäre. Vielleicht sogar eher das Gegenteil. Aber es hält überhaupt schwer, zu erraten, wie sie einst gewesen sein mag. Jetzt ist sie wie erloschen und verwischt. Als sei aus des Schicksals schlimmster Wetterecke ein Sturm über sie dahingefegt und habe sie entblättert zurückgelassen. Und seltsam still ist sie, spricht mit niemand und scheint doch allen Angestellten des Schiffes wohl bekannt. Abseits sitzt sie zumeist, regungslos, mit halb gesenkten Lidern, als solle niemand in ihre Augen blicken, Augen, in denen unabänderliche Trostlosigkeit wohnt, Nie beteiligt sich die Eine an den stumpfen, gähnend geführten Gesprächen der anderen Passagiere, noch belästigt sie wie diese den alten Kapitän mit den stets wiederkehrenden Fragen über Dauer der Fahrt, über Land und Leute da drüben. Vielleicht kennt sie die Antworten zur Genüge.

Der Kapitän aber läßt sich nie lang bitten und wiederholt für die Neulinge unter seinen Fahrgästen wohl zum hundertstenmal das bißchen, was sich über diese öde Küste sagen läßt. Eine Küste ist es ja, die zwar dem ausgesogenen ermüdeten Boden der alten europäischen Welt alljährlich viele tausend Tonnen künstlicher Nahrung liefert, auf daß er von neuem Pflanzen erzeugen könne, die selbst aber keinen Halm, kein Blättchen trägt. Leer, wie leblos liegt sie da. Nur stellenweise erheben sich Lehmhüttenverbände aus der einförmigen gelben Sandmasse. Der Kapitän deutet auf sie und nennt die Namen dieser armseligen Siedelungen, die hier Städte heißen. Und an einem ganz besonders trostlos blickenden Orte weist er auf ein Haus, das eine leuchtend grün gestrichene Haustür besitzt - das einzige Grün weit und breit. Dazu erzählt er: Ein armes Maultier, das einst hier vorbeigekommen, nachdem es seit Jahren kein frisches Grasfutter mehr erhalten, habe sich in irrtümlicher Wiedersehensfreude auf diese grüne Tür gestürzt und versucht, die Farbe abzufressen.

Blöde lachen die Passagiere.

An der Einen aber geht das alles spurlos vorüber. Zwar starrt auch sie bisweilen von ihrem einsamen Platz auf dem Verdeck nach jener Küste - aber nicht, um irgendwelche Histörchen darüber zu vernehmen. Das Land dort drüben muß für sie wohl etwas anderes bergen - es ist, als harre sie des endlichen Auftauchens eines zwischen Grauen und Hoffen ersehnten Zieles. Wenn dann aber der Dampfer an einem der vielen elenden Küstenplätze hält, die keinen Hafen bieten, sondern vor denen die Schiffe weit draußen in der flachen See vor Anker gehen müssen, so scheint es nie der Ort zu sein, nach dem sie Ausschau hielt. Teilnahmslos läßt sie die anderen Passagiere landen, die Not oder Neugier an diese entlegenen Gestade brachte, und achtet nicht all des Getriebes um sie her, der seltsam fremdländischen Boote, der Flöße mit zerfetzten Segeln, auf denen dem Dampfer vom Lande her neue Passagiere und Frachten zugeführt werden. Sie blickt an ihnen vorbei, des Sehens müde. Sie achtet auch nicht auf das Schnattern und Kreischen tropischer

Vögel und Affen, die von den zerlumpten Mischlingen vieler Menschenrassen mit Rufen und Schreien zum Kauf angepriesen werden. Überdrüssig scheint sie allzuoft gehörter Laute.

Sie wartet.

Und immer trostloser, immer verlassener wird die Küste, als bilde sie den Eingang zu einem Reiche Abgeschiedener. Immer leerer ist das Schiff geworden. Wer möchte freiwillig hier reisen wollen!

Aber eines Morgens ist Unruhe über die Einsame gekommen. Gerade hier, wo das Ende alles Seienden erreicht zu sein scheint, da erwacht sie zum Leben. Früh schon ist sie auf Deck und späht noch gespannter als sonst über die Wogen hinaus.

Und endlich hält das Schilf. Rasselnd geht die Ankerkette nieder. Schon steht die Reisende am Fallrepp. Ein Schilfsoffizier geht an ihr vorüber, zieht die Uhr und sagt: »Verspäten Sie sich nicht, wir fahren bald weiter.«

Sie nickt. Weiß ja so gilt, daß die Zeit ihr hier immer kurz bemessen scheint - hier, wo sie allen anderen so endlos lange dünkt.

Am Seil ist sie dann vom Dampfer aus in einer offenen Tonne zum Boot hinabgelassen worden, das in der Dünung heftig auf und nieder geht. Von abenteuerlichen Gestalten, die aus Mischungen von

Spanier- und Chinesen-, Neger- und Indianerblut zu grotesker Absonderlichkeit entstanden, wird sie dem Lande zugerudert.

Immer deutlicher taucht seine abschreckende Trostlosigkeit auf. Ein Punkt der Welt ist es, der nur die Trennung von Himmel, Wasser und Erde erlebte und an den übrigen Schöpfungstagen vergessen ward. So kahl und unbekleidet, bar jeder verhüllenden Pflanzengewandung.

Knirschend fährt das Boot auf am Strande.

Die Reisende steigt aus.

In unbarmherzig glühendem Sonnenbrande watet sie durch den rieselnden Sand hinan zur Düne. Oben erst gewahrt man, wie weit zurück die vom Schiff aus nahe gewähnte Gebirgskette sich in Wirklichkeit erhebt. Davor liegt noch eine öde blendende Ebene. Und auf ihr als erstes ein Kirchhof. Kahl und schmucklos. Denn wie die Lebenden, besitzen hier auch die Toten weder zierenden Strauch, noch duftende Blume. Kleine Steinhaufen kennzeichnen allein die einzelnen Grabstätten. Doch nicht dauernde Ruhe gewähren diese. Eben ist ein Grab frisch ausgeschaufelt worden; dabei sind Schädel und Gebeine des Toten, der bisher drin bestattet war, achtlos weggeworfen worden; zerstreut liegen sie nun umher;

die Sonne glüht auf sie nieder, der Wind weht etwas ihres Staubes davon.

Schaudernd gewahrt es die Reisende.

Ein Dorf liegt vor ihr. Eigentlich nur eine einzelne Straße. Gefolgt von der stier gaffenden, vielfarbigen Bevölkerung, schreitet sie zwischen elenden Hütten. Fensterlos sind diese kümmerlichen Behausungen, aus Rohrgeflecht erbaut, über das Lehm gestrichen. Aber an vielen Stellen ist dieser Bewurf abgefallen, und die Gerüste grinsen hervor - auch diese bleichen Gerippen gleich.

Und dann folgt, abseits gelegen, und von einer hohen Lehmmauer abwehrend umgeben, ein großes weißes Haus.

Hier bleibt die Wanderin endlich stehen. Und muß von dem Anstieg durch den tiefen Sand wohl sehr ermüdet sein, denn sie ist ganz blaß geworden, preßt die Hand gegen das Herz und schöpft mehrmals tief Atem, ehe sie sich entschließt, gegen das Tor zu pochen.

Leichte Schritte nahen von innen, die Tür wird geöffnet, und in der Torumrahmung erscheint die Gestalt eines beinahe noch knabenhaften Indianerjünglings von seltsamer Schönheit. Überraschend, nach all der zerlumpten Menschheit draußen, wirkt schon sein schneeiger Linnenanzug mit dem grellroten Gürtel, der in lässiger Grazie um die beinahe allzu dünne Taille geschlungen ist. Der Knabe muß die Reisende wohl kennen, denn sobald er sie erblickt, verneigt er sich leicht, mit einem rätselhaften, beinahe spöttisch überlegenen Lächeln auf den weichen Lippen, und ladet sie durch eine Gebärde der schmalen, wohlgepflegten Hand ein, den Hof zu beitreten. Sorglich verschließt er dann das äußere Tor hinter ihr, als scheue er Späher, und mit wiegendem Gange schreitet er voran, sie in das Haus zu geleiten.

Nur durch die eine dünne Lehmmauer von der Öde draußen getrennt, erscheint doch dieser Hof wie zur Welt eines fremden fernen Sternes gehörig. Mit schillernden, in der Sonne glitzernden Kacheln sind die Wege gepflastert. An ihnen entlang stehen große, bunt glitzernde Vasen, auf denen sich phantastische grüne Drachen im Kampf um rot glühende Sonnenbälle ringeln. Und hier sind auch Pflanzen. Unwahrscheinliche Pflanzen. Ganze Reihen des geheimnisvollen Arum, das, mit seinem lang vorgestreckten violetten Horne und orange gefleckten fetten Blütenblatte, ohne Erde zu leben vermag. Und Kakteen aller Gattungen, kleine stachlige, kuglig wie zusammengerollte Igel; hohe, regelmäßig verzweigte, die sich wie große Leuchter am Weg erheben; bizarr verschnörkelte, die, verkrüppelten Gestalten gleich, ihre Glieder im Schmerz zu winden scheinen. Und dazwischen, Blumen ersetzend und auf goldenen Reifen schaukelnd, eine Fülle leuchtender,

11

schimmernder Papageien, metallisch blaue, brennend rote, silbrig graue mit rosigen Köpfchen. Ein seltsam unwirklicher, fieberndem Hirn entsprossener Traumgarten, von der hier auf der Innenseite tief purpurn gemalten Mauer geheimnisvoll umschlossen. Eine Schöpfung in gewollter Auflehnung gegen die farblose Umwelt draußen, voll grellster, frechster Buntheit ersonnen.

Nach dem Flammen und Flirren, dem Glänzen und Gleißen im sonnengetränkten Hofe, dünkt es die Reisende doppelt finster in dem Hause mit den sorgfältig verhängten Fenstern. Ihre geblendeten Augen vermögen zuerst nichts zu unterscheiden, doch sie bewegt sich, als ob sie alles genau kenne. Mechanisch sinkt sie auf einen Diwan nieder, den sie nicht sah, von dem sie aber zu wissen scheint, daß er immer da gestanden. Der Jüngling ist mit ihr hereingehuscht und steht nun schweigend in dem schattenhaften Raume, dessen eigentliche Weite sich nur ahnen, nicht ermessen läßt.

Und dann taucht allmählich ein heller Fleck aus dem Dunkel. Eine Spukerscheinung, ein umrißloser Schemen ist es. Doch es wächst empor und formt sich. Dehnt sich zu hoher göttergleicher Gestalt. Und ist plötzlich verdoppelt, verzehnfacht vorhanden, von allen Seiten in blassem Aufleuchten aus dämmernden Tiefen wiederholt. Von überall zugleich drängt sich das regungslose schneeige Wesen den Augen der Reisenden aus. Atemberaubende Angst erfaßt sie. Sie will es nicht sehen müssen - und kann sich doch nicht vor ihm retten. Hundert weiße Gegenwarten verfolgen sie in dem dunkeln Raum, verfolgen sie mit dem frech höhnenden Grinsen siegesbewußter Feinde.

Sie vermag es nicht mehr zu ertragen. Stöhnend winkt sie dem Knaben, daß er ein Fenster öffne. Und da, vor dem hereinflutenden Sonnenlicht, versinkt alsobald der sinnverwirrende Zauber: die mild-weiße, marmorne Nachbildung einer berühmten Statue des Altertums, durch gegenüberhängende Spiegel in fortlaufender Wiederholung erscheinend, ist alles, was davon bleibt.

Mit leiser, noch bebender Stimme, als fürchte sie schlimme Geister von neuem zu rufen, wendet die Frau sich nun mit einer Frage zu dem Knaben. Er antwortet und hat dabei ein geringschätziges Achselzucken.

Eindringlicher flüstert sie darauf: »Ist es heute denn wirklich wahr, daß er fortgeritten?«

»Aber ja doch,« erwiderte der Knabe, mit kaum verhehlter Ungeduld, »sobald der Rauch des Dampfers weit draußen auf dem Meere sichtbar wurde, ließ er schon satteln, und vorhin ist er dann fort. Vielleicht kann ihn die Señorita sogar noch sehen.« Er beugt sich aus dem Fenster, das der Landseite zugekehrt ist, und ruft: »Richtig! Dort drüben, da ist er!«

Und wirklich gewahrt nun auch die Fremde, draußen auf der schier endlosen weißen Sandebene, einen der fernen blauen Gebirgskette zueilenden Reiter.

Doch der reitet nicht, der jagt davon, mit verhängten Zügeln und weit vorgebeugtem Kopfe, jagt, wie nur solche jagen, denen die Verzweiflung im Nacken hockt und die Verachtung mit ihren erbarmungslosen Peitschenhieben johlend folgt - denen nichts mehr bleibt, als an den ehernen Felsen gleichenden Gesetzen zu zerschellen, gegen die sie sich mißachtend aufzulehnen trachteten.

»So treibt er es meist an den Tagen, wo die Dampfer hier anlegen,« sagt der junge Indianer mißbilligend.

»Sind die erst wieder fortgefahren, so kommt er zurück und schließt sich dann stundenlang mit den neuen Zeitungen ein. Ich packe indessen die Sachen aus, die mit dem Schiff gekommen sind. Für mich ist auch immer irgend etwas Schönes dabei, das er mir bestellt hat. Und dabei gleitet ein selbstgefälliges Lächeln über seine weichen Lippen.

Aber die fremde Frau hört sein Geschwätz gar nicht mehr. All ihre anderen Fähigkeiten sind wie ausgelöscht, sie kann nur noch sehen - sehen. Ihre ganze Lebenskraft ist in ihre Augen gebannt. Mit ihnen saugt sie das Bild dort draußen in sich ein, heißhungrig, wie eine lang Verschmachtete, gierig, als könne sie große Vorräte davon aufspeichern. Denn sie weiß ja: von dieser Stunde, von dem Blick auf jene ferne, fliehende Reitergestalt wird sie nun wieder lange zehren müssen.

Doch allzubald ist der Enteilende verschwunden.

Schwindelnd von dem angestrengten Schauen auf die blendende Fläche wendet sich die Reisende endlich vom Fenster ab und schreitet zurück ins Zimmer. Dabei kommt sie an einem der vielen Spiegel vorbei, und unbarmherzig wirft er ihr das eigene Bild zurück, in all seiner ergreifenden Verfallenheit, seinem bleichen Harme. Unwillkürlich bleibt sie stehen, hinstarrend auf das, was das Leben grausam aus ihr gemacht, als könne sie hier vielleicht Erklärung für schauriges Rätsel finden. Und zurücktastend in die Vergangenheit, sucht sie sich zu vergegenwärtigen, wie sie damals ausgesehen, vor vielen Jahren, als sie und jener Reiter sich in der fernen Welt der Lebenden gekannt.

»Die Schöne«, - »die Hübsche« wurde sie auch damals wohl von niemand genannt. Aber bisweilen wollte es sie doch dünken, als müsse sie gerade ihm anders erscheinen als allen anderen, als stände sie vor ihm so fein und durchsichtig wie Glas, daß er gar nicht anders könne, als all die Liebe aus ihr leuchten zu sehen, die ihm gehört hatte ihr ganzes Leben lang. Aber er hatte sie nicht geliebt. Nicht einmal beachtet. Und in verzagendem Bescheiden hatte sie sich damals vorgehalten, daß ihre eigene Unscheinbarkeit seiner ja auch gar nicht wert sei, seiner, den sie, in seinem eigenartigen Wesen, seinem überfeinerten Geschmack und seltsam schillernden Geiste anbetete gleich einer geheimnisvollen Gottheit … Und trotz allem, was sich seitdem ihrem schaudernd widerstrebenden Verstehen offenbart, steigt auch heute vor diesem Spiegel die oft gedachte Frage wieder in ihr auf: »Wäre vielleicht doch alles anders gekommen, wenn ich zu jenen Frauen gehört hätte, die so schön sind, daß sie überall Begehren erwecken, Frauen, denen niemand widersteht, deren Bild in den Herzen der einzelnen und in den Seiten der Geschichte unauslöschlich eingegraben ist? Hätte er mich dann zu lieben vermocht?« … Längst ja kennt sie die unerbittliche Antwort: »Nein, auch dann nicht!« Aber sie kann sich noch immer nicht damit abfinden, will es nicht fassen, daß auf ihm selbst dunkeln Schicksals Fluch ruht, durch den er unheimlichen Mächten verfallen. Immer wieder seufzt es sehnsuchtsvoll in ihr: »Ach warum, warum war es mir nicht gegeben, ihn zu erlösen!«

Doch während sie Unabänderlichem also nachsinnend, in erbarmender Liebe fremde Schuld mit eigenem Mangel demütig zu erklären trachtet, kommt ihr plötzlich die Nähe des Jünglings, den sie ganz vergessen hatte, zum Bewußtsein. Aufschauend gewahrt sie im Spiegel sein Antlitz neben dem ihren. Seine dreiste Schönheit - ihre welken, von langem Gram durchwühlten Züge. Sie fühlt, wie sein frech glänzender Blick geringschätzig ihren halb erloschenen Augen begegnet. Ein scharfer Schmerz durchzuckt sie dabei und zugleich brennende Scham. Hat der Knabe bei dem so ungleichen Doppelbild im Spiegel ähnlich vergleichende Gedanken gehabt wie sie selbst? … Mit lässiger Selbstgefälligkeit dehnt er jetzt die knabenweichen Glieder, und ihr ist, als trüge er dabei den ihr wohlbekannten, höhnenden Ausdruck eines siegesbewußten Feindes - ja, ganz denselben Ausdruck, den die Gemarterte vorhin auf den marmornen Zügen des Antinous zu gewahren wähnte! Und wie vorhin die weiße Statue im dämmernden Raume, so wächst jetzt vor ihr die Gestalt des lebenden Jünglings zu etwas Überwältigendem empor, etwas Furchtbarem, Drohendem, etwas, das sie von allen Seiten verfolgt, vor dem es kein Entrinnen gibt: das Symbol eines unfaßlich grauenhaften Verhängnisses, das einst jenen anderen und mit ihm sie selbst vernichtet hat.

17

Schrill tönt da durch die Stille ein langgedehntes Pfeifen vom Meere her. Der Dampfer ruft zur Abfahrt. Und in plötzlicher Zerschlagenheit aller Glieder verläßt die Reisende das unselige Haus, watet dann mühsam mit zitternden Knien den wohlbekannten sandigen Pfad zurück zu den harrenden Ruderern am Strande.

Oftmals schon ist sie auf diesem Weg gekommen und wieder gegangen. Seit langen Zeiten ja fährt sie so an dieser Küste entlang - alljährlich einmal - zweimal - allemal, da Sehnsucht und Trauer um jenes verlorene Leben ihr daheim keine Ruhe lassen. Wird wohl noch manchesmal wiederkehren - wissend doch, daß sie nicht ihm, nicht sich je kann Erlösung bringen.

Am Abend, als aus endlosen Höhen des südlichen Kreuzes schwacher Schimmer herniederglänzt, und das Schilf in schwüler Dunkelheit weiter durch die stillen Fluten gleitet, sitzt der Kapitän mit einigen der spärlich gewordenen Passagiere zusammen auf dem Verdeck. Und er schließt seine Erzählung: »Es gelang damals seinen Angehörigen - sie gehören bei uns drüben zu den ganz großen Leuten - den drohenden Skandal zu ersticken und ihn noch rechtzeitig fortzuschaffen. Seitdem bezahlen sie ihm eine bestimmte Summe jährlich, die mit jeder Meile wächst, die er weiter fort von England lebt. Er hat sich diesen Platz ausgesucht - na und da ist er ja auch wohl tatsächlich am Ende der Welt.«